EM SONHO
UMA BOA CONVERSA ENTRE O ROMEIRO SEBASTIÃO E PADRE CÍCERO

ANNETTE DUMOULIN

EM SONHO
UMA BOA CONVERSA ENTRE O ROMEIRO SEBASTIÃO E PADRE CÍCERO

Dados Internacionais de Catalogação na Publicação (CIP)
(Câmara Brasileira do Livro, SP, Brasil)

Dumoulin, Annette
    Em sonho : uma boa conversa entre o romeiro Sebastião e Padre Cícero /
Annette Dumoulin. – São Paulo : Paulinas, 2017.

    ISBN: 978-85-356-4259-9

    1. Cícero, Padre, 1844-1934 2. Devoções populares - Brasil 3. Juazeiro
do Norte (CE) - História 4. Sacerdotes - Brasil I. Título.

16-00250   CDD-282

Índice para catálogo sistemático:
1. Padres católicos : Devoção : Cristianismo   282

1ª edição – 2017

Direção-geral:	Bernadete Boff
Editora responsável:	Vera Ivanise Bombonatto
Copidesque:	Ana Cecilia Mari
Coordenação de revisão:	Marina Mendonça
Revisão:	Sandra Sinzato
Gerente de produção:	Felício Calegaro Neto
Imagens:	Rozelia Costa
	Arquivo Paulinas

Nenhuma parte desta obra poderá ser reproduzida ou transmitida
por qualquer forma e/ou quaisquer meios (eletrônico ou mecânico,
incluindo fotocópia e gravação) ou arquivada em qualquer sistema ou
banco de dados sem permissão escrita da Editora. Direitos reservados.

Paulinas
Rua Dona Inácia Uchoa, 62
04110-020 – São Paulo – SP (Brasil)
Tel.: (11) 2125-3500
http://www.paulinas.org.br – editora@paulinas.com.br
Telemarketing e SAC: 0800-7010081
© Pia Sociedade Filhas de São Paulo – São Paulo, 2017

PREÂMBULO

Queridos romeiros,

A história que vocês vão ler foi algo criado pela imaginação de Irmã Annette: baseada na correspondência e no pensamento do Padre Cícero, ela apresenta quais seriam as reações de nosso Padrinho diante da leitura da carta do Cardeal Pietro Parolin, secretário de Estado do Papa Francisco.

Na alegria da reconciliação da Igreja com o Padre Cícero, desejamos a todos uma boa leitura!

Comissão Diocesana de Pastoral de Romaria
da Diocese de Crato

A notícia tão esperada foi lançada no ar pela rádio local: "O Papa Francisco enviou uma carta ao Bispo do Crato, Dom Fernando Panico, escrevendo coisas muito bonitas sobre nosso Padrinho Cícero!". Logo depois, um grupo de romeiros da Comunidade Santa Luzia se reuniu perto da capela, à sombra de um pé de juá.

E cada um começou a dar seu palpite: "Vocês não lembram que meu Padrinho dizia que a própria Igreja de Roma ia lhe fazer justiça?", lembrou dona Joana. "É verdade!", continuou o mais velho romeiro da turma, seu José, que já tinha feito mais de 100 romarias até o Santo Juazeiro, a pé, em cima de burro e de pau de arara. "Sim, é verdade", retomou seu José: "Meu Padrinho dizia sempre que a gente não devia se preocupar em defendê-lo, que um dia o Papa ia dizer a verdade sobre ele". "Mas será que esse dia chegou mesmo? Às vezes, tem gente que fala sem prova!", sussurrou o jovem Simão, deixando a turma num certo mal-estar. "Meu Padrinho Cícero anunciou, mas nunca falou quando ia acontecer essa reconciliação! Vamos ter prudência para não haver decepção", respondeu dona Lia, bem conhecida pela sua sabedoria. Logo o fretante Mateus tomou a palavra para reanimar a turma: "Gente! Todos nós já sabemos que meu Padrinho Cícero é santo! Se a Igreja de Roma ainda não sabe, o problema é dela! Um dia, temos certeza que ela vai reconhecer que a 'nação romeira' está com a razão! Padre Cícero é santo, sim!". E todos aplaudiram, dando uma boa gargalhada e, depois, entoando o bendito: "Valei-me, meu Padrinho Ciço e a Mãe de Deus das Candeias!".

Nesse momento, parou um caminhão cheio de romeiros chegando de Juazeiro, depois de participar da missa, lá na Praça da Capela do Socorro. "Vamos lá acolher os irmãos!", disseram. Seguem-se abraços, e todos oferecem ajuda aos mais velhos para descer do pau de arara, para recolher as bagagens, as compras e lembranças. E a pergunta que surge é: "É verdade essa notícia que chegou até aqui pela rádio?". "É verdade, sim, responderam os romeiros, mas a carta é longa, e, às vezes, a gente não entende bem o que o Papa quer dizer... se é beatificação, canonização, reconciliação, perdão, reabilitação!" Sebastião, professor na escola pública, havia conseguido o livrinho com a tal carta que veio de Roma, mas ele diz que é um pouco complicado entender tudo que está escrito. "De todo jeito, a notícia é boa", afirmou o professor, e o bispo esclareceu: "É A RECONCILIAÇÃO DA IGREJA COM MEU PADRINHO!". "Vocês deviam ter visto a felicidade do bispo, Dom Fernando, dos padres e do povo, quando a carta foi lida, durante a missa. E a gente bateu tantas palmas, que não parava mais!"

Já era noite e cada um voltou para casa. Sebastião, que mora só, após tomar bom banho, sentou-se e, mais uma vez, leu a carta escrita pelo Cardeal Pietro Parolin: "Nome difícil... deve

ser estrangeiro... Ah, sim! É o Secretário de Estado de Sua Santidade, quer dizer, aquele que ajuda o Papa Francisco a escrever as cartas", refletiu. Sebastião queria ler até o fim, mas, no meio da mensagem, pegou no sono. Depois de uma hora, acordou assustado, o nariz colado no texto. Foi para a rede com a carta na cabeça e no coração. "Eu preciso entender bem o que o Papa mandou dizer", pensou ele, "para depois explicar tudo direitinho aos meus alunos e aos romeiros da Capela Santa Luzia!"

A noite foi bastante agitada. Sebastião sonhou com o Padre Cícero lhe explicando cada parte da carta. Um sonho lindo! Uma conversa agradável com o Padrinho, que estava feliz, sorridente, e bastante paciente para explicar tudo direitinho!

Quando Sebastião acordou, ainda cedo, estava impressionado com esse sonho, e logo retomou a carta e, sem mesmo tomar café, anotou as explicações recebidas pelo Padre Cícero. Sebastião se lembrava de tudo, nos mínimos detalhes. Isso lhe tomou mais de duas horas. Relendo a carta, agora, tudo lhe parecia tão claro,

que só a graça do Espírito Santo, pela boca do Padrinho, poderia explicar tal facilidade para compreender palavras que, na véspera, lhe pareciam tão complicadas. "Obrigado, meu Padrinho Cícero", rezou Sebastião, tomando, enfim, sua xícara de café.

Era domingo! Sebastião saiu de casa às 8h30, e os romeiros já estavam sentados à sombra do pé de juá, esperando a abertura da capela para rezarem juntos o Ofício de Nossa Senhora, meditar a Palavra de Deus e receber a Santa Comunhão pelas mãos de dona Maria, ministra da Eucaristia, pois não ia ter missa naquele dia, por falta de padre.

Sebastião se aproximou da turma. Todos entraram na capela e, depois da reza, ele tomou coragem e falou: "Gente! Esta noite eu tive um sonho com meu Padrinho Cícero! Ele me explicou direitinho a carta que chegou de Roma. Tudo ficou tão claro para mim. Se alguns de vocês desejarem, depois do almoço, pode-

mos nos encontrar e lhes contarei o meu sonho!"". A turma concordou com alegria.

Às 15h, à sombra do pé de juá, uns 30 romeiros já estavam esperando, curiosos, para ouvir o sonho de Sebastião com Padre Cícero. Todos queriam falar ao mesmo tempo... "Calma, amigos!", pediu o professor, "vou tentar responder a todas suas perguntas, uma por uma. Mas me deixem primeiro lhes contar como foi o meu sonho com Padre Cícero!" Logo um silêncio quase sagrado invadiu a sombra do pé de juá.

Depois de uma profunda respiração, o professor Sebastião, bastante emocionado, falou num tom de confidência: "Ontem, à noite, estava relendo a mensagem do Papa Francisco, escrita pelo seu secretário, mas o cansaço da viagem me venceu. Cochilei tão profundamente, que minha cabeça caiu em cima da carta! (risos) A viagem de pau de arara é muito boa, mas a gente chega bem cansado, não é? Mas que é bom demais, é! Deus me livre viajar de ônibus!... Bom, logo me deitei na rede com a carta na cabeça e no coração! Não demorou muito e peguei no sono! Então, em sonho, vi meu Padrinho Cícero sentado perto de uma janela e me olhando. 'Meu Padrinho, me explique, por favor, a carta que chegou de Roma! Pois há coisas que eu não entendi...' Então, Padre Cícero me contou todo o significado da carta. Parecia que uma luz alumiava minha inteligência! Quando acordei, tomei logo um caderno e escrevi tudo sobre nossa conversa para não esquecer nada! Vou ler para vocês o que meu Padrinho me ajudou a entender...

Esta carta foi escrita pelo Cardeal Pietro Parolin para Dom Fernando Panico, o bispo da Diocese de Crato."

"Então não é uma carta do Papa!", exclamou Dona Lia.

"É como se fosse, dona Lia! O cardeal é o secretário mais próximo do Papa. Eles conversaram, o secretário escreveu a mensagem, o Papa leu e ficou totalmente de acordo com o conteúdo. Então, é como se ele tivesse escrito a carta."

"Essa carta não foi escrita para nós, mas para o Bispo de Crato!", observou o jovem Simão.

"Você tem razão, Simão! Mas, no fim da carta, o cardeal escreveu as seguintes palavras: *'A presente mensagem foi redigida por expressa vontade de Sua Santidade, o Papa Francisco, na esperança de que Vossa Excelência Reverendíssima* (quer dizer o Bispo de Crato) *não deixe de apresentá-la à sua Diocese e aos romeiros*

do Padre Cícero a autêntica interpretação da mesma (...)'. Dom Fernando achou por bem colocar a carta em nossas mãos e ir interpretando-a aos poucos, em cada missa do dia 20, durante o ano de 2016. É isso que ele prometeu para nós!".

"Gente! Se pararmos Sebastião o tempo todo, ele não vai conseguir nos explicar o conteúdo mais importante da carta! Vamos ouvi-lo e, depois, se a gente não entender alguma coisa, perguntamos... Estão de acordo?" A proposta do fretante Mateus foi aceita e Sebastião retomou o conteúdo de seu sonho com Padre Cícero.

"Meu Padrinho percebeu que eu estava cheio de perguntas, como vocês estão agora! Então, ele me falou no sonho: 'Fale, Sebastião, que eu responderei'".

"Meu Padrinho, para o Senhor, quais são as palavras mais importantes e bonitas nesta carta?"

"Todas são importantes", respondeu Padre Cícero, "mas têm algumas que me emocionaram particularmente. Veja, Sebastião, imagine a emoção que tive lendo que o *Santo Padre quer falar de mim em relação à Nova Evangelização!* Quer dizer que ele acha que minha vida tão sofrida e minha missão sacerdotal não são coisas do passado, mas têm a ver com a nova maneira de evangelizar, hoje! Por essa, Sebastião, eu não esperava! Eu? Ser uma inspiração, um exemplo para os tempos de hoje?!"

Logo, perguntei: "Com licença, meu Padrinho, mas o Senhor poderia me explicar o que quer dizer 'nova evangelização'? Será que existe uma 'velha'?!".

Padre Cícero sorriu e respondeu: "Boa pergunta! Antigamente, a Igreja insistia muito na doutrina, essas perguntas e respostas que se aprendiam de cor no Catecismo. Claro que a doutrina continua sendo importante, mas é secundária. Para o Papa Francisco, o que é mais importante é o *testemunho da fé e da caridade*. Para ele, isso é a 'nova evangelização!'".

"Ahhh! Agora, entendi! Obrigado!"

"De nada, Sebastião... Pode me perguntar tudo que não tiver compreendido!... Uma segunda coisa que me alegrou muito, Sebastião, é que *o Papa, antes de tudo, olhou para vocês, meus queridos romeiros, para me conhecer de verdade!*"

Fiquei surpreso e perguntei no sonho: "Como assim, meu Padrinho?".

Padre Cícero me respondeu, sorrindo: "Sebastião: leia com atenção a última frase da primeira página do documento!".

Então, peguei a carta que estava na minha rede e li devagar o texto seguinte:

> Mas é sempre possível, com a distância do tempo e o evoluir das diversas circunstâncias, *reavaliar e apreciar as várias dimensões que marcaram a ação do Padre Cícero como sacerdote* e, deixando à margem os pontos mais controversos, pôr em evidência aspectos positivos de sua vida e figura, tal como são atualmente percebidas pelos fiéis.

Fiquei surpreso e, no meu sonho, exclamei: "Meu Padrinho! Não acredito! É do jeito que *nós, seus romeiros*, reconhecemos seu valor e suas virtudes, que o Papa Francisco quer saber agora quem foi o senhor de verdade, e não por meio de livros, estudos, publicações dos intelectuais, que escreveram a favor ou contra o senhor?".

"Pois é, Sebastião!", respondeu-me Padre Cícero, "o Papa acredita na sabedoria do povo, nos milhões de nordestinos que têm carinho por mim! Existe um ditado que afirma que 'a voz do povo é a voz de Deus'! Acho que o Papa Francisco tem certeza disso... que o Espírito Santo ilumina os pobres de coração! Além disso, nosso Papa é muito concreto e gosta de basear-se em fatos, e não apenas em ideias! Ele deixa os pesquisadores continuarem suas pesquisas, certamente importantes, mas que, para ele, são secundárias. É o que o cardeal chamou na carta de 'pontos mais controversos'! Francisco é um pastor 'pé no chão'!

Aprendeu de Jesus que não existe árvore boa produzindo frutos ruins, nem uma árvore má produzindo bons frutos; Pois cada árvore é conhecida pelos seus próprios frutos (Lucas 6,43-44). Então o Papa quis avaliar a qualidade dos frutos de minha ação como padre *observando vocês*, os fiéis, meus queridos romeiros e afilhados! E ele constatou que os 'frutos' (vocês) são bons até hoje, pelo menos no que diz respeito aos romeiros de verdade!

Observando concretamente a fé do romeiro, seu amor a Nossa Senhora, sua fidelidade à Igreja e sua vida cristã, o Papa deduziu que eu não podia ser tão ruim como certas pessoas pensam!" E meu Padrinho deu um sorriso tão bonito! Em seguida, ele ficou um momento em silêncio e fechou os olhos. Depois, ele me disse: "Entenda, Sebastião, como é importante dar o bom exemplo e ser obediente! É verdade que gastei toda minha vida, desde a minha ordenação, somente procurando a salvação de vocês, sem me importar muito com a minha. Orientei vocês, dei-lhes bons conselhos, fiz vocês conhecerem Jesus, Nossa Senhora. Ensinei-lhes a rezar, a fazer de sua casa um santuário e uma oficina, a entronizar em suas moradas os Sagrados Corações de Jesus e de Maria e a renovar essa consagração todos os anos, convidando os vizinhos e parentes a rezarem com vocês, na paz, no perdão, com fé! Pedi a vocês para nunca deixar de visitar o Santo Juazeiro, terra da Mãe de Deus. Muitos romeiros obedeceram e obedecem até hoje aos meus conselhos!

É por isso que eu digo: a carta que você tem em mãos, Sebastião, é o resultado do testemunho de vida, da obediência de vocês, romeiros, aos meus ensinamentos, como sacerdote e servo de Cris-

to! Por isso que sinto uma grande alegria lendo esta carta! Ela não é apenas uma reconciliação da Igreja para comigo, mas para com vocês, queridos romeiros, vocês que sofreram também por ser chamados de fanáticos, ignorantes, e, às vezes, sendo malvistos e incompreendidos nas suas paróquias! Vocês que, ainda hoje, são humilhados nas estradas e explorados por certas pessoas, até mesmo em Juazeiro!".

Com essas palavras do Padre Cícero, fiquei emocionado e chorei, tudo isso no meu sonho!

"Meu Padrinho, nosso sofrimento era mais de ver o senhor sofrer do que de a gente ser perseguido! É por isso que temos tanto amor para com o senhor e nunca queremos abandoná-lo! Ficamos do seu lado, e o senhor nos ensinou a ter fé e paciência, muita paciência! Quando eu era pequeno, meus pais me diziam que o Senhor falava assim: 'Quem quiser vir morar no Juazeiro, não precisa vir com muito dinheiro, mas, sim, com muita paciência! Que a nossa única arma era o rosário da Mãe de Deus!'. Sabe, meu Padrinho, em casa, a gente reza o terço na boca da noite, desde pequeno! Não é assim que o senhor aconselhava, meu Padrinho?"

"É assim mesmo, Sebastião!", respondeu-me Padre Cícero. "Seus pais guardaram meus conselhos e os passaram para você! Isso é ser um modelo de família romeira e cristã! Os pais são os primeiros catequistas. É pelo Batismo e no colo da mãe que recebemos e alimentamos o dom precioso da fé!

Mas deixe-me lhe dizer outro pensamento da carta que me deu muita alegria... Sebastião! Leia agora, devagar, a primeira frase do segundo parágrafo da carta, por favor!"

Ainda muito emocionado pelas palavras do meu Padrinho, enxuguei uma lágrima, virei a página e li o seguinte:

> É inegável que o Padre Cícero Romão Batista, no arco de sua existência, *viveu uma fé simples, em sintonia com o seu povo* e, por isso mesmo, desde o início, foi compreendido e amado por este mesmo povo.

Li duas vezes, para ter certeza de entender bem. Com paciência, meu Padrinho esperou minha reação!

"Então, Sebastião, você entendeu?", perguntou ele.

"Acho que sim, meu Padrinho, e isso me lembra as palavras do Papa Francisco, que diz que 'Ser pastor é sentir o cheiro das ovelhas'. Será que ele percebeu isso no senhor, no seu jeito de viver no meio da gente, de nos falar com simplicidade das coisas de Deus? Será que é por isso que a gente se

ama tanto? O senhor sente o nosso 'cheiro', 'e nós, o 'cheiro' do senhor, meu Padrinho. E a gente se entende, se ama e tem gosto em obedecer para seguir o bom caminho!"

Dessa vez, Padre Cícero deu uma boa gargalhada. Quase acordei. Mas queria tanto continuar no meu sonho, na minha conversa com ele... Então, meu Padrinho falou: "É isso mesmo! Parabéns! Você entendeu direitinho o que o Papa Francisco quis dizer. Não adianta o pastor ficar longe de suas ovelhas, falar uma linguagem complicada, difícil, não saber ouvir. Ele precisa entender o clamor das ovelhas, suas necessidades, suas angústias, suas alegrias! O padre tem que se misturar com o povo e ouvir, ouvir muito, com carinho,

com atenção, 'em sintonia com o rebanho', como afirma o Papa. É verdade que sempre tentei viver no meio de vocês, acolhendo cada um, conversando e aconselhando, usando palavras simples que todo mundo pudesse compreender".

"Agora, Padre Cícero, entendo melhor por que o Papa apresenta o senhor como um possível modelo para a nova evangelização. Ele escreve também que o senhor tinha uma visão perspicaz, ao valorizar a piedade popular da época. O que ele quis dizer, meu Padrinho... 'Visão perspicaz', 'Piedade popular'?"

"Vou lhe explicar já!", respondeu o Padre Cícero. "'Visão perspicaz' significa uma visão clara, certa, completa. Agora vamos esclarecer a palavra 'piedade popular'. Na igreja, existem opiniões diferentes sobre as tradições religiosas do povo: devoções aos santos, procissões, romarias etc. Há gente que tem certo desprezo em relação a estas devoções. O Papa, ele valoriza essas expressões do povo e, na carta, até mesmo me dá seu apoio, sobretudo na valorização das romarias. Você sabe, Sebastião, que não foi sempre assim: a romaria em Juazeiro geralmente não era bem-vista pelos bispos e padres da época, mas essas são questões do passado. Vamos deixar para lá! Hoje, elas são reconhecidas oficialmente. Estou chegando a um quarto ponto da minha alegria, lendo a carta que vem de Roma. Você quer saber, Sebastião?"

Respondi logo: "Claro, meu Padrinho, sou todo ouvidos!".

"Pois é, Sebastião, se, como já vimos, a carta afirma a reconciliação da Igreja para *comigo* e para com *vocês*, meus romeiros, ela apresenta também uma terceira reconciliação, desta vez com a Pastoral de Romaria da Diocese, especialmente em Juazeiro.

Veja, caro afilhado, o Papa não fala de Monsenhor Murilo, o 'vigário do Nordeste', mas ele reconhece o valor da Pastoral de Romaria que este sacerdote implantou durante 50 anos, continuando na mesma linha do meu jeito simples de falar, de ouvir, de aconselhar! Sim, Padre Murilo foi um grande sacerdote, um '*pastor que sentia também o cheiro das ovelhas*'! Ele foi um presentão de Deus para a 'nação romeira', viu, Sebastião? Tenho o maior carinho por ele!"

Quando Sebastião lembrou o nome de Monsenhor Murilo, houve um momento de grande emoção no meio dos romeiros, reunidos à sombra do pé do juá. Alguns comentando, chorando, outros suspirando: quanta saudade do Padre Murilo! Sebastião parou um instante de contar seu sonho para que os romeiros pudessem expressar esses sentimentos de gratidão e de amor ao "vigário do Nordeste". Depois de alguns minutos, dona Maria, a ministra da Eucaristia, falou, para todos, palavras de consolo: "Minha gente,

Padre Murilo está no céu, cuidando de nós, junto a meu Padrinho! Ele está feliz! Vamos continuar a ouvir o sonho de Sebastião?".

"Ok!", retomou Sebastião! "Vou continuar a contar para vocês meu sonho. Meu Padrinho me mostrou que a carta do Papa menciona também um dos benditos que gostamos tanto e que lembra seus conselhos: 'Quem matou, não mate mais, quem roubou, não roube mais!'. E não é que meu Padrinho Cícero começou a cantar baixinho esse bendito! Fiquei muito emocionado! Eu não sabia que ele cantava tão bonito! Pois é, depois ele continuou..."

"Veja, Sebastião, como é importante os romeiros rezarem seus benditos com entusiasmo e, sobretudo, viver o que eles cantam na vida de cada dia! Como é importante uma Pastoral de Romaria evangelizadora, em sintonia e comunhão com o povo romeiro! Como é importante acolher bem o irmão romeiro e cantar, junto com ele, seus benditos! O Papa valoriza muito isso!

Mas as minhas alegrias não pararam por aí, Sebastião! Será que você não está cansado de me ouvir? Você acabou de fazer uma longa romaria, vindo do Santo Juazeiro!"

Respondi logo, no meu sonho:

"Pelo amor de Deus, meu Padrinho, continue, por favor, a explicar essa carta do cardeal para mim! Eu passaria horas e horas ouvindo o senhor."

Mas logo Sebastião lembrou-se de que os romeiros, à sombra do pé do juá, podiam estar cansados de ouvi-lo, pois fazia uma hora que ele estava contando o sonho. "Que nada!", responderam todos em coro. Graças a Deus, dona Lurdes chegou com sua filha, distribuindo a todos um copo cheio de água bem fresquinha.

"Conte, conte, Sebastião! A gente não se cansa de ouvir! Parece que meu Padrinho está presente aqui. Obrigado, dona Lurdes! Humm! Como é bom um copo de água, oferecido com tanta delicadeza, neste calor! Estamos prontos para ouvir o resto do seu sonho, tão bonito, até a noite", falou seu João.

"Então está certo", respondeu Sebastião. "Deixe-me lembrar onde parei minha conversa... Ah, sim! Foi naquele momento em que Padre Cícero ia me falar de sua quinta alegria, lendo a carta do Papa. Ele me falou assim: 'Sebastião, imagine a minha alegria quando li que o Papa se lembrou de minha intensa devoção a Nossa Senhora das Dores e das Candeias! E a carta reconhece que essa minha devoção foi muito bem acolhida e assimilada por vocês todos. Agora, a frase que mais me tocou, vou pedir para você ler bem devagar, Sebastião, por favor.'"

E Padre Cícero aproximou-se de minha rede e me mostrou a frase para eu ler. Foi esta:

> (...) Ajudando o romeiro a *acolher Maria como Mãe, recebida do próprio Cristo ao pé da cruz do Calvário*, o influxo de Padre Cícero fortalece, nos fiéis, o sentido da *pertença à Igreja*. É significativa a intensidade desta *devoção mariana, inspirada por Padre Cícero*, a marcar definitivamente *a alma católica dos romeiros nordestinos*.

Exclamei, no meu sonho: "Minha Mãe das Dores! Como é bonito o que o Papa escreveu! E é verdade mesmo, meu Padrinho! O senhor nos ensinou que somos filhos de Nossa Mãe Virgem, essa querida Mãe que Jesus nos deu na hora em que ele estava morrendo na cruz para nos salvar. E

é verdade que essa devoção, para quase todos nós, serve de ajuda para sermos fiéis à Igreja Católica. Respeito as outras religiões, mas não me posso imaginar fazendo parte de uma Igreja que não reconhece a santidade de nossa Mãe, Nossa Senhora, cheia de graça, como o Anjo Gabriel a chamou no dia da Anunciação.

Nesta hora, Padre Cícero olhou a imagem de Maria que está no meu quarto e, devagar, com um rosto cheio de confiança e devoção, me convidou a rezar com ele. E nós rezamos... Foi tão bonito!"

"Mas também podemos rezar com você, agora, Sebastião, não é?", propõe dona Lia. "É claro", respondeu o professor. "Vamos!"

E todos, se levantando, cantaram, de mãos dadas e a uma só voz, a oração do Padrinho Cícero a Nossa Senhora das Dores.

Mãe de Deus e Mãe Nossa, Mãe Soberana e Mãe das Dores, de hoje e para sempre, nos entregamos a vós!

1. Nossas pessoas, nossos filhos, nossas famílias e tudo que é nosso. Tudo isso vos entregamos pelo amor de Jesus Cristo.

2. E a Jesus renovamos esta mesma entrega que é total e sem reserva, ainda que nos custe a morte.

3. E nós a tomamos por nossa Mãe e nossa Mestra aqui na terra, como nossa soberana e dona de cada um de nós.

E como era de se esperar, dona Lurdes lançou vivas a Nossa Senhora das Dores, a Padre Cícero, a Frei Damião, a Padre Murilo, a nossa Igreja Católica e a Jesus Cristo, nosso Salvador! E todos responderam aos "vivas", batendo palmas com tal entusiasmo que, algumas pessoas que não participavam da reunião, saíram de suas casas, assustadas, outras olhavam pela janela, pensando que chegavam mais caminhões de romeiros, voltando de Juazeiro. Foi uma alegria só!

"Gente!", falou Sebastião, com bom senso, "acho que está na hora de voltar para casa, jantar e rezar nosso terço para ir dormir, porque, senão, vamos acordar toda a comunidade de Santa Luzia com nossos benditos e nossos 'vivas', se continuarmos aqui até a meia-noite!".

Todos deram um belo sorriso e ele continuou: "Prometo que, amanhã, depois das 4h, terminarei de contar para vocês o sonho que tive com Padre Cícero me explicando toda a carta que o Papa escreveu. Está tudo escrito no meu caderno! Eu tenho também que preparar minhas aulas para amanhã. Não podemos faltar às nossas obrigações!".

Todos concordaram e o silêncio reinou pouco a pouco no sítio de Santa Luzia. Claro que, durante o jantar, os comentários não paravam: "Mas que sonho bonito esse de meu Padrinho Cícero explicando tudo para o professor Sebastião! A gente vê que o Papa Francisco gosta mesmo de nosso Padrinho".

Depois da reza do terço, todos foram descansar, mas em pensamento continuavam a se perguntar: "O que Sebastião vai nos contar amanhã sobre essa carta?! O que é que meu Padrinho explicou de tão importante e que vai ajudar a gente entender melhor a carta? E que carta longa e bonita!".

E no dia seguinte, quando o galo cantou, quase todo mundo já tinha tomado banho. É que precisavam começar logo suas tarefas: cuidar dos bichos, preparar o café e o almoço, passar a roupa dos meninos que iam para a escola, enfim, havia tanta coisa para fazer... Mas queriam ficar livres às 4h da tarde, para ouvir a segunda parte do sonho de Sebastião.

O professor foi dar suas aulas na escola do sítio e não teve jeito: as crianças, mesmo pequenas, queriam saber sobre o sonho com o Padrinho Cícero. E Sebastião contou que o Papa gostava muito do Padrinho, sobretudo de sua grande caridade, seu amor pelos pobres, pelos doentes, sua devoção a Nossa Senhora. Os alunos diziam que nunca tiveram uma manhã tão animada e tão interessante. Não dava nem vontade de ir ao recreio para não perder a história. Mas crianças precisam também brincar!

Bênção de Deus! À tarde, caiu uma chuva boa. Às 4h, não dava para ficar embaixo do pé de juá. Então foram todos para a capela. No lugar dos 30 romeiros da véspera, chegaram 43! Havia até mesmo alguns irmãos evangélicos que queriam ouvir e entender, pois eles também admiravam o

Padre Cícero. Que todos sejam bem-vindos! A capela estava quase cheia.

O professor Sebastião chegou um pouco atrasado: é que ele releu suas notas em casa para reviver em detalhes seu sonho com Padre Cícero. Enquanto isso, o pessoal, presente na reunião da véspera, partilhava tudo que tinha entendido com os novatos. Que animação! Colocaram as cadeiras em círculo. Alguns tinham chegado com garrafas de café, bolachas e água para poderem ouvir até a noite, sem interrupção, o fim do sonho de Sebastião com Padre Cícero.

Nosso sonhador chegou feliz em ver tanta gente querendo ouvir como Padre Cícero explicou, em sonho, a carta tão esperada da reconciliação da Igreja com ele. Como bom professor, depois de uma pequena revisão dos pontos mais importantes contados na véspera, Sebastião abriu seu caderno e, com bastante emoção, retomou sua conversa com o Padrinho.

"Eu estava sentado na minha rede e Padre Cícero continuou a me explicar o que ele achava mais importante e emocionante, para ele, na leitura da carta do Cardeal Parolin. Meu Padrinho falou assim: 'Meu amiguinho, quero lhe confiar como fiquei feliz com mais um reconhecimento do Santo Padre em relação às nossas festas de romaria em Juazeiro. Leia, por favor, o ponto número 4 da carta'".

Peguei a carta, procurei o trecho e o li bem devagar:

> Outro aspecto vivenciado por Padre Cícero e por ele transmitido aos seus devotos é *a oração e o respeito aos mortos*, mais um elemento importante da fé católica. A grande romaria do *dia de Finados, iniciada pelo Padre*, continua ainda hoje incentivando os romeiros a rezarem pelos fiéis falecidos, transmitindo-lhes também, de maneira simples mas eficaz, a consciência da *dimensão escatológica de existência humana* (...)

Nesta última frase, parei e meu Padrinho Cícero sorriu, pois ele percebeu que eu não estava entendendo bem o que tinha lido. Rezar pelos fiéis defuntos, eu sabia que era muito importante, mas essa coisa de "dimensão escatológica da existência humana"...

"Sebastião! Cante para mim o bendito da festa de Finados."

"Sim, meu Padrinho! O senhor sabe que a gente sempre canta assim: '*Nossa vida é uma passagem/ na cidade e no sertão/ Nossa morte é uma viagem/em busca da salvação*.'"

"Pois é", continuou meu Padrinho, "quando vocês cantam com fé esse bendito, acreditam que nossa verdadeira pátria é o céu, que os anos que nós passamos na terra são apenas uma passagem, uma romaria, não é mesmo?".

"É sim, meu Padrinho", respondi logo, sem ainda entender por que tinha que lembrar esse bendito.

"Pois é, meu amiguinho", continuou Padre Cícero, "é isso que significa a palavra 'escatologia'".

Fiquei de boca aberta: uma palavra que parece tão complicada e tem um significado tão simples!

Padre Cícero sorriu: "É por isso também que, no Juazeiro, o dia de Finados é uma festa... a grande festa da certeza de que nossa vida tão sofrida e cheia de dificuldades é somente uma passagem. O que nos é preparado, é um céu de felicidade eterna! Tudo isso porque Deus é amor e misericórdia sem fim. Você acredita nisso, Sebastião?".

"Acredito, meu Padrinho", respondi emocionado, me lembrando de meus pais e de meu irmão, já falecidos.

Naquele momento, na capela, dona Lia exclamou: "Eu também acredito!", e toda a assembleia, a uma só voz, respondeu pelo mesmo ato de fé.

29

Seu José da bodega confirmou mais ainda: "O que seria de nós, sem essa certeza da ressurreição?".

E é verdade: foi meu Padrinho Cícero que nos ensinou a crer na vida eterna! É por isso que digo: "Padre Cícero não morreu! Ele se mudou!".

Durante esse intervalo, alguns se levantaram para tomar café e comentar entre eles: "Como é bom entender desse jeito a mensagem do Papa Francisco para nós!". Partilharam algumas bolachas e voltaram logo para ouvir Sebastião continuar a contar seu sonho.

Meu Padrinho Cícero continuou sentado perto da janela do meu quarto e me falou assim: "E esse costume que vocês têm de participar da missa no dia 20 de cada mês, desde a minha 'viagem' para o céu, Sebastião! O Papa ficou admirado. E, para lhe dizer a verdade, eu também, lá do céu, fico emocionado de ver vocês reunidos na Praça do Socorro e em muitos outros lugares do Nordeste e do Brasil, rezando a missa em sufrágio de minha alma! Sebastião, meu filho, é tanta fidelidade e amor para comigo, que não tem como não ficar emocionado, não?! Na realidade, no meu primeiro testamento, eu tinha pedido que vocês rezassem, pelo repouso eterno de minha alma, doze missas em cada ano, durante cinco anos. Mas, veja, Sebastião: já faz mais de 80 anos que Deus me chamou junto dele, e vocês continuam a mandar rezar missa para mim e para as almas do Purgatório. Nunca imaginei tanta fidelidade e tanto carinho! E o Papa também ficou impressionado com vocês. Por favor, leia esse trecho da carta".

E o Padre me mostrou o parágrafo inteiro. Li-o devagar, me lembrando das tantas missas do dia 20 a que eu assisti. Não dá nem para contar! Enquanto estava lendo, meu Padrinho ficou ouvindo, de cabeça baixa e os olhos fechados.

Uma iniciativa originada por esta sensibilidade tem acontecido, também, *em várias dioceses do Nordeste:* o encontro dos romeiros nas suas paróquias, além do dia 20 de julho, também no *dia 20 de cada mês,* recordando o falecimento do próprio Padre Cícero. Um marcante *espírito penitencial,* a busca da confissão auricular, a grande participação da Santa Missa em horas bem matinais, constituem uma *experiência inesquecível* para quem delas já participou e uma *oportunidade evangelizadora ímpar.*

Parei a leitura do parágrafo que meu Padrinho tinha indicado... No meu sonho, ouve um silêncio tão profundo, que pensei que Padre Cícero estava cochilando. Fiquei calado, esperando, olhando para ele, sem querer perturbar. Depois, ouvi meu Padrinho falar baixinho como que para si mesmo: "Tantas missas que fui proibido de celebrar e que não celebrei por obediência, durante minha passagem na terra, e esse bom povo, meus queridos afilhados, mandando celebrar centenas de missas em sufrágio de minha alma, em cada dia 20. E já faz mais de 80 anos! Meu Deus! Como é grande a sua misericórdia para conosco, para com esse povo que amo tanto!".

Depois dessa oração, meu Padrinho ficou ainda um tempo em silêncio, como em contemplação, e eu, muito emocionado no meu sonho, tentei contar quantas missas teriam sido celebradas em cada dia 20, durante mais de 80 anos, em sufrágio da alma dele! Quantos milhões de afilhados dele foram e são ainda fiéis em levantar cedinho e participar dessa missa! Quantos fazem promessa de nunca faltar a esse momento! Como não sou muito bom em matemática, mesmo sendo professor, acabei desistindo: sei que é uma multidão! São muito mais missas do que aquelas que meu Padrinho foi proibido de celebrar, durante tantos anos, quando estava no Juazeiro. E, devagar, repeti a reza que tinha ouvido dele: "Meu Deus! Como é grande a sua misericórdia para conosco, para com esse povo que ele ama tanto!".

Nesse momento, Padre Cícero, ouvindo minha reza a Deus, abriu os olhos e me olhou com carinho: "Está vendo, Sebastião, como Deus nunca abandona seu povo?! Do sofrimento que passei, sem poder celebrar missa para o povo, veja o que Deus colocou no coração de vocês! Essa fidelidade em mandar celebrar missa para mim e para as almas do Purgatório... E o Papa escreve que essas missas 'constituem uma experiência inesquecível para quem delas já participou e uma oportunidade evangelizadora ímpar'".

"Sim", continuou Padre Cícero, "Deus transformou minhas provações terrestres em graças abundantes para vocês e para mim. Sebastião, pense nisso quando você também passar por provações".

Lembrando essas palavras que Padre Cícero tinha dito em seu sonho, Sebastião olhou cada um dos romeiros que estavam na capela e percebeu que eles estavam muito emocionados também. Dona Lia se lembrou de algumas palavras do Padrinho que uma freira, Irmã Míriam, colocou numa melodia muito bonita. E começou a cantar sozinha: *"Deus nunca deixou trabalho sem recompensa, nem lágrimas, nem lágrimas, nem lágrimas sem consolação"*.

Todos estavam escutando e meditando o canto de dona Lia. Ela repetiu uma segunda, uma terceira vez, e, pouco a pouco, na capela, o coral dos romeiros retomou o canto. Até mesmo alguns homens fizeram uma segunda voz muito bonita. Cada um se lembrava das provações, dos sofrimentos que já viveram ou estavam vivendo. As palavras do Padre Cícero ressoavam como força, confiança na Providência Divina.

Dona Maria viu o jovem Luiz chorando baixinho: fazia um mês que sua mãe tinha falecido. Ela se levantou, aproximou-se dele, o abraçou e ofereceu-lhe um pouco de água. O menino se acalmou nos braços maternais de dona Maria, sua madrinha de Crisma. Os romeiros continuavam a cantar: *"Deus nunca deixou... lágrimas sem consolação"*. É isso que Padre Cícero foi, para muitos afilhados: um instrumento nas mãos de Deus para consolar os aflitos. É assim que somos chamados a ser uns pelos outros esse instrumento, meditavam os romeiros observando dona Maria e o jovem Luiz.

Enquanto isso, o professor Sebastião leu em silêncio o parágrafo seguinte da carta do Cardeal Parolin: "Nossos povos não querem andar pelas sombras da morte. Têm sede de vida e de felicidade em Cristo (...) Procuram essa vida que se fortalece, quando é confirmada pelo Espírito de Jesus...". Depois, observando seus irmãos romeiros, reunidos na pequena Capela de Santa Luzia, Sebastião entendeu o quanto essa carta do Papa estava cheia de ensinamentos, de consolações, de ânimo para viver cada vez mais como verdadeiros romeiros.

O tempo estava passando, mas ninguém queria sair da capela. Somente Solange, com seu neném de nove meses, retirou-se para cuidar do filhinho. "Vá, Solange! Eu lhe conto tudo amanhã", prometeu a vizinha.

"Então, Sebastião, Padre Cícero lhe explicou mais coisas no sonho?", perguntou seu Gabriel.

"Explicou, sim, e estou pronto a continuar contando tudo a vocês", afirmou o professor. "Então, vamos lá! Vocês lembram que, no começo do meu sonho, pedi assim ao Padrinho: 'me explique, por favor, a carta que chegou de Roma. Pois existem coisas que eu não entendi'. E ele me respondeu: 'Todas as palavras são importantes, mas há algumas que me emocionaram particularmente'. Já apresentei a vocês seis pontos importantes que nosso Padrinho me explicou com muita paciência. Agora, vou apresentar o sétimo. Ele parecia muito alegre e me falou, sempre sentado perto da janela do meu quarto: 'Sebastião, meu querido afilhado, o que o Papa Francisco afirmou, pelo seu secretário, encheu-me de profunda consolação. Procure, por favor, o número 5 da carta e leia o primeiro parágrafo'".

Então, achei o parágrafo e li um dos textos mais bonitos da carta:

No momento em que a Igreja inteira é convidada pelo Papa Francisco a uma atitude de saída, ao encontro das periferias existenciais, *a atitude do Padre Cícero em acolher a todos, especialmente os pobres e sofredores*, aconselhando-os e abençoando-os, constitui, sem dúvida, um sinal importante e atual.

Depois dessa leitura, meu Padrinho Cícero deu um sorriso tão feliz. Ele olhou para mim e disse: "Você deve se perguntar o que significa 'periferias existenciais', não é, Sebastião?".

"Exato, meu Padrinho!", disse eu.

"São aquelas pessoas que vivem na pobreza, no abandono; aquelas pessoas esquecidas pela sociedade, pelo Governo, como muitos idosos, por exemplo", explicou Padre Cícero.

"Entendi, meu Padrinho: eu mesmo gosto de visitar e ajudar seu Paulinho, que é muito doente e que foi abandonado pelos filhos, que foram morar em São Paulo."

"Muito bem, Sebastião, você entendeu! Seu Paulinho vive na 'periferia existencial' do Sítio Santa Luzia. A comunidade precisa cuidar dessas pessoas! Mas, veja, Sebastião, quais são os métodos preferidos de Deus... Sempre fui um sacerdote que andava muito à procura das ovelhas, é verdade, nas 'periferias existenciais', como fala a carta. Mas, quando era capelão, tinha que ficar muito horas por dia a serviço do povo dentro da Capela de Nossa Mãe das Dores. Até que foram me retiradas as funções sacerdotais de padre: de poder celebrar a missa, confessar, batizar, benzer o sacramento do Matrimônio. Fui, na realidade, 'expulso' da capela, e passei a receber o povo na minha casa, na rua, no sítio", e Padre Cícero ria, lembrando-se disso. "Fui provocado a ter uma atitude de saída, antes mesmo que a Igreja da época tivesse recebido do Espírito Santo a inspiração dessa nova maneira de evangelizar: ser uma Igreja em saída, sair de nosso comodismo, de dentro das Igrejas-templos, para ir ao encontro dos mais necessitados. De novo, fico admirado com a imensa sabedoria de Deus! São Paulo escreveu um dia que 'Tudo concorre para o bem de quem ama a Deus'.

Mais um exemplo do jeito que Deus tem de conduzir nossa vida: por conta do castigo e das proibições que recebi de meus superiores, fui colocado, à força, 'em saída'! E continuei minha missão sacerdotal 'em saída', mas sempre fiel à Mãe Igreja! Um ditado popular fala que, quando se fecha uma porta, Deus abre outra! O importante é ser fiel e viver o amor, a caridade!".

Como afilhado, não aguentei e falei: "Mas, meu Padrinho! O senhor foi injustiçado! Não merecia esses castigos". Padre Cícero me repreendeu com um rosto bem sério: "Sebastião! Não fale assim! Muitas vezes, na minha vida, afirmei que o discípulo não pode ser tratado melhor do que o Mestre! Veja o que fizeram com Nosso Senhor Jesus Cristo! O importante, Sebastião, é amar, amar muito, fazer o bem, acolher quem precisar, imitar o Mestre Jesus... O resto fica na mão de Deus, para que transforme o que é mal em bem! Veja, de acordo com as próprias palavras do Papa Francisco, ele considera que minha vida sacerdotal é um sinal importante e atual! Já lhe falei isso na primeira resposta que lhe dei: o fato de eu ser visto pelo Papa como um sinal importante hoje, como um sacerdote 'em saída', é o que mais me espantou nessa carta! Por essa, eu não esperava! Que Deus seja louvado! Como cantou Maria no seu *Magnificat*, 'Ele eleva os humildes, santo é seu nome!'".

Depois dessas palavras fortes de meu Padrinho, fiquei calado e pensei: "Como se tem muito a aprender para ser um bom romeiro...".

Mas, logo, meu Padrinho retomou seu olhar sereno, afetuoso e continuou: "Uma coisa que gostei demais e que me emocionou é que, na carta, o Papa achou ser bom sinal o povo me chamar de 'padim'! Isso gostei demais, Sebastião! Imagine, meu amigo, que este apelido que me deram, revelou ao Santo Padre que vocês estão vendo em mim, como sacerdote, a própria misericórdia de Deus. A relação de intimidade é tanta, que vocês estão vendo em mim um padrinho de Batismo, investido da missão de acompanhá-los e ajudá-los na vivência de sua fé! Em toda a minha vida sacerdotal e mesmo aqui, no céu, onde prometi rezar por cada um de vocês, este foi e é meu maior desejo, minha vocação. Nela coloquei todas as minhas forças!

Meu amigo, neste ano Santo da Misericórdia, é missão de todos, pela nossa vida, ser instrumento da Misericórdia do Pai! E peço a você e a todos meus afilhados que sejam 'a própria misericórdia de Deus' onde vocês vivem, na família, no trabalho, na oração, na romaria, na Igreja, na rua, na hora do descanso e do lazer: SEMPRE!".

Padre Cícero continuou: "Agora, outro ponto que me fez sorrir, ao me lembrar do passado, do tempo em que estava peregrinando na terra, especialmente em Juazeiro, foi a quantidade de crianças batizadas com o nome de 'Cícero' e 'Cícera'! Já pensou como as coisas mudam?! Houve um tempo em que os padres do Nordeste receberam ordem de seus bispos de nunca batizar uma criança com o nome de Cícero ou Cícera!".

"Pois é, meu Padrinho! Aconteceu com um parente meu! Queriam batizar meu primo com o nome de Cícero... E o padre não aceitou! Então, meu tio perguntou: 'Por favor, padre, qual é seu nome de Batismo?'. E o padre respondeu: 'Antônio'.

'Então', falou meu tio, 'o Senhor pode batizar meu filho com qualquer nome, menos 'Antônio'. Parece que o padre não gostou da brincadeira!".

Meu Padrinho escondeu um sorriso e me disse: "De fato, Sebastião, não foi muito delicado. O coitado do padre, como eu, naquela época, estava cumprindo apenas ordens de seu superior! Tudo isso passou: agora o Santo Padre está valorizando esse costume carinhoso e de gratidão, de geração em geração! O que era ruim, agora é muito bom! Tudo passa e muda neste mundo, só Deus não muda, e sua misericórdia é eterna! Mas, com muita sabedoria, o cardeal lembra que esse carinho que vocês têm por mim não pode impedi-los de ter um encontro pessoal com Jesus Cristo, nosso Senhor e único Redentor! Pelo contrário! É o que eu mesmo quero: que toda a 'nação romeira' aprenda, cada vez mais, a conhecer e amar Jesus, a ter um 'encontro pessoal e profundo com ele'".

Padre Cícero continuou: "Mas ainda não terminaram minhas alegrias ao ler mais passagens dessa longa carta que o cardeal escreveu a Dom Fernando, o Bispo de Crato, em nome do Papa Francisco". E me olhando bem nos olhos, disse: "Sebastião! Diga-me: você gosta de sua Igreja Católica?".

Respondi, um pouco surpreendido: "Meu Padrinho, já lhe falei: sou católico e não abro!...".

"Muito bem", continuou Padre Cícero, "mas diga-me: você gosta e respeita os padres de sua paróquia e os de Juazeiro?".

Fiquei perplexo e respondi: "Meu Padrinho, respeitar, eu respeito todos, porque são ministros de Deus! Agora, devo lhe confessar que têm alguns que respeito mais do que outros".

Padre Cícero, sorrindo, me respondeu: "Muito bem, Sebastião, vejo que você é verdadeiro! Mas por que você tem mais respeito por alguns do que por outros?".

Hesitei um momento... será que digo mesmo o que penso?! E se meu Padrinho não gostar? Tomei coragem e falei: "Meu Padrinho, para falar a verdade, respeito um pouco menos aqueles que falam mal do senhor e que criticam a romaria em Juazeiro!".

Surpreso, Padre Cícero me respondeu: "Mas, Sebastião, são a esses padres que é preciso respeitar, para se aproximar deles com mais delicadeza, porque são mal informados! Convidem esses padres a experimentar a romaria com vocês!".

Eu respondi: "Mas, meu Padrinho, e se eles não aceitarem?".

"É um direito deles, Sebastião! Nunca seja agressivo! É Ano da Misericórdia! Sabe, meu amiguinho, muitos deles, no seminário, foram mal informados. Temos que compreender, perdoar e nunca nos afastar deles. Pouco a pouco, eles vão entender. São padres bons e que precisam de nosso apoio, de nosso respeito. Conheço diversos padres que os romeiros conseguiram convencer da beleza da romaria e se tornaram romeiros também!

Mas, para falar de outro assunto, Sebastião, como eu me alegro em ver vocês entrarem com tanto respeito na Basílica de Nossa Senhora das Dores, cantando seus benditos, chegando em procissão com o andor da padroeira de sua cidade ou paróquia. Alguns, até de joelhos! Será que você tem respeito pelos lugares sagrados, que são as igrejas, as capelas mais humildes, Sebastião?".

Respondi na hora: "Claro, meu Padrinho. São templo de Deus, onde, muitas vezes, está conservado o próprio Jesus na Eucaristia. Qualquer igreja representa também a gente, o povo de Deus... *Cada um de nós é como se fosse um tijolinho dessa Igreja, cada um a sua maneira! Os tijolinhos são diferentes em tamanho, em cor! Não importa! Cada um dá de si, com seus dons!*".

"Sim, Sebastião! Parabéns!"

Meu Padrinho ficou feliz com minha resposta. E eu um pouco orgulhoso por ter respondido certo. No meu sonho, eu estava dando um nome a cada tijolo de nossa capelinha de Santa Luzia que construímos em mutirão: Joanna, Maria, Pedro, Luiz, João e tantos outros... Parei com a lista, pois meu Padrinho Cícero retomou a palavra: "Sebastião, se você ler o item número 6 da carta, vai entender por que lhe fiz tantas perguntas! Somos o *templo vivo de Cristo!* E todas as igrejas, pequenas ou grandes, representam sempre nossa união como 'povo de Deus'".

Concluiu meu Padrinho: "O que acabamos de conversar, Sebastião, é dito em outras palavras no item número 6 da carta do Papa! E, mais uma vez, o Cardeal Parolin, que é seu secretário, afirmou que *o amor que vocês têm por mim pode constituir um alicerce forte para a solidificação da fé católica do povo nordestino!* Em outras palavras: você sabe que, se uma casa não tem boas fundações, ela cai. Você entende o que o cardeal escreveu, meu filho, quando disse *'solidificação de fé'*?".

Com certeza, Padre Cícero percebeu a minha surpresa e alegria ao mesmo tempo.

"Meu Padrinho, até esse ponto, o Papa valorizou a missão sacerdotal do senhor para conosco. Mas, é verdade, mesmo que precisamos valorizar e preservar a beleza da romaria em Juazeiro, meu Padrinho. Juazeiro deve ser, para nós, um lugar onde a gente vem *'recarregar as nossas pilhas de fé católica'*, como dizia uma prima minha.

Solidificar nossa fé católica! A gente tem que ter muito cuidado para que essa terra santa não se transforme em lugar de turismo, Padre Cícero, porque tem gente só interessada em dinheiro e que procura só isso... transformar as pessoas em turistas que vêm aqui só para se divertir e gastar dinheiro em besteiras!"

Meu Padrinho olhou para mim com um rosto sério: "Eu sei, meu amiguinho! Peço à Diocese do Crato, aos salesianos, aos capuchinhos, às religiosas, aos agentes de Pastoral, aos romeiros, que lutem para preservar a 'terra da Mãe de Deus' como uma terra santa, de peniência, de oração, de fé! Que cuidem do Santo Horto, do Santo Sepulcro: a 'Jerusalém dos pobres'! Que todos sejam herdeiros da missão educativa que Jesus me deu quando eu era jovem padre, e ele me apareceu em sonho. Nunca vou esquecer, Sebastião!

Jesus, olhando para todos vocês, me deu esta ordem: 'Cícero! Tome conta deles!'. É essa mesma ordem que ele dá aos salesianos, aos capuchinhos, ao povo de Juazeiro e a minha querida Diocese de Crato".

Emocionado, respondi: "Pode contar com a gente também, meu Padrinho!".

Naquele momento, Sebastião olhou para cada um dos romeiros que estavam na Capela de Santa Luzia. Alguns choravam, outros tinham um rosto muito sério, todos na maior atenção. A voz de seu José, um homem que já tem mais de 100 romarias em Juazeiro, se fez ouvir no meio de um silêncio impressionante: "Meu Padim, o senhor pode contar também com cada um de nós!", e cada romeiro levantou o braço em sinal de concordância.

"Juazeiro é terra do romeiro da Mãe de Deus e do meu Padrinho Cícero", afirmou dona Maria. É terra santa para o povo nordestino. Queremos ver Juazeiro crescer, mas não de qualquer jeito. Queremos que sejam preservados os lugares santos, as igrejas, o Santo Horto, o Santo Sepulcro!"

O povo bateu palmas em sinal de concordância. Na capela se ouviam apenas: "Viva nosso Juazeiro! Viva Meu Padrinho Cícero!".

Já era noite, mas ninguém queria sair da capela. Alguns tomaram mais uma xícara de café, água, comeram bolachas... Sebastião percebeu que a assembleia queria que ele continuasse a contar seu sonho com Padre Cícero. Animado pelo interesse dos romeiros, mesmo cansado, ele retomou a palavra e o silêncio voltou à capelinha: "Meus amigos, estamos chegando ao fim do meu sonho. Mas há algo que Padre Cícero me disse ser muito importante a gente compreender bem. Meu Padrinho me recomendou prestar muito atenção e me falou assim: 'Sebastião, o fim da carta tem que ser bem compreendido, porque tem muita gente que ainda não consegue entender!'. Eu respondi: 'É tão difícil assim? Pode falar que escuto!'. Ele ordenou: 'Meu filho, procure o item número 7 da carta, por favor, e leia o primeiro parágrafo'".

Logo achei e fiz a leitura meditando em cada palavra:

> Eis, portanto, Senhor Bispo, alguns elementos positivos que promanam da figura do Padre Cícero Romão Batista, tal como é percebida, atualmente, pelo povo fiel que acorre a Juazeiro do Nor-

> te, dando vida às romarias e transformando-as em uma bela expressão de fé. Como já indicado, *cada romeiro, desafiando a criatividade dos agentes de evangelização, abre perspectivas para atuar na missão da Igreja no contexto local,* em que esta figura constitui o chamado inicial para um aprofundamento da fé católica e para sua manutenção.

Parei a leitura e olhei para meu Padrinho, que estava sorrindo, e disse: "Mas que *responsabilidade de cada romeiro*, Padre Cícero! Então, *nós desafiamos a criatividade dos padres*, dos agentes de Pastoral, e convidamos a Igreja a abrir perspectivas para atuar no Nordeste?".

Padre Cícero fez um sinal afirmativo com sua cabeça grisalha: "Sim, meu filho, é isso mesmo que você entendeu! Em outras palavras, a sua fé, seu jeito de viver a romaria, seus rituais próprios, sua 'liturgia' são um desafio para os agentes de Pastoral. Eles têm que aprender de vocês também! Eles não podem inventar um outro jeito, que eles considerem ser melhor, do gosto deles... Eles devem ajudar vocês a viverem com mais intensidade sua experiência como romeiros de Padre Cícero! Isso precisa ser levado em conta, entre outros motivos, com relação à adaptação da liturgia, dos cantos e benditos... E também para a conservação dos espaços sagrados de Juazeiro, como o Santo Horto, o Santo Sepulcro, como já falamos antes!".

Interrompi meu Padrinho e perguntei: "Mas há algo que não entendi: o que quer dizer 'promanam'?".

Padre Cícero respondeu: "Boa pergunta, Sebastião! Quando a gente não entende, é sempre bom perguntar: o cardeal quer dizer que os aspectos positivos que ele apresentou sobre mim e meu serviço de sacerdote surgiram, tiveram origem na visão que vocês revelam ter sobre mim, hoje! Não foi isso que o cardeal escreveu no começo da carta? Ele deve ter achado importante essa afirmação. Ele não procurou me conhecer pelos livros, mas ouvindo vocês, o 'povo fiel', observando vocês, 'nação romeira'".

De novo, os romeiros, reunidos na Capela de Santa Luzia, sentiram vontade de se expressar: "Mas que grande responsabilidade a nossa!". "Como o Papa nos ama e respeita a nossa fé!" "Nunca imaginei que o cardeal pudesse formar uma opinião tão bonita do meu Padrinho, ouvindo a gente!"

Os olhos de cada um ali brilhavam de emoção e alegria.

"Então, gente, isso quer dizer que o romeiro que dá mal exemplo, é como se ele machucasse a reputação de nosso Padrinho", falou seu Domingo, que gostava de uma cachaça, mesmo durante a romaria. "Não vou mais beber álcool, sobretudo nos dias de romaria", prometeu ele.

A esposa dele suspirou e todos perceberam que ela fez discretamente o sinal da cruz olhando para o céu e pedindo a Deus, pela intercessão de Padre Cícero, que seu marido fosse fiel a esta promessa. E todos, em silêncio, uniram-se a ela e pediram também que ele não sentisse a tentação de beber cachaça, sobretudo, no tempo da romaria.

Enquanto todos rezavam em silêncio, pedindo a Deus que se tornassem cada vez melhores romeiros, Sebastião reabriu seu caderno na última página: "Meus amigos, estamos chegando ao final de meu sonho com Padrinho Cícero. Achei o fim da carta difícil de entender. Meu Padrinho levou algum tempo para me explicar, e ele parecia tão feliz com as palavras do cardeal".

"Sebastião, fique atento para entender bem a beleza do final desta carta", falou Padre Cícero. "O cardeal lembrou que, durante meus 90 anos na terra, passei por momentos muito delicados, difíceis, onde tive que tomar decisões que certas pessoas acharam e ainda acham erradas! Segui minha consciência, mas posso ter errado, como qualquer ser humano! Gostei disso, porque ninguem é perfeito... somente Jesus e Nossa Senhora! Na minha vida, eu me confessava como qualquer um de vocês! Vocês precisam saber disso! E a misericórdia de Deus foi abundante sobre mim! Agora, Sebastião, entenda a maravilha que o cardeal afirma, retomando as palavras de São Paulo: *'Deus, na sua genial criatividade, serve-se, muitas vezes (eu diria sempre!), de 'vasos de argila' para realizar sua obra de salvação, para que esse incomparável*

poder seja de Deus e não de nós!'. Que maravilha, Sebastião! Exulto de alegria, meu amigo! Como qualquer ser humano, não fui 'privado de cometer erros e fraquezas', mas, se a obra que plantei como sacerdote está dando frutos ainda hoje, é porque é OBRA DE DEUS! *As obras humanas passam, a* OBRA DE DEUS, NÃO! Agradeço ao cardeal porque ele reconhece que, mesmo sendo pecador, *fui movido, sem dúvida alguma, por um intenso amor pelos mais pobres e por uma inquebrantável confiança em Deus, e sempre procurei agir seguindo a minha consciência!*"

"Tem uma palavra que eu não entendi muito bem... Não entendi, meu Padrinho, o que é inquebrantável. Me explique, por favor!"

"Pois não, Sebastião", respondeu Padre Cícero. "Esta palavra quer dizer: 'que não quebra nunca'. Ter uma inquebrantável confiança em Deus significa que, mesmo no sofrimento, na pobreza, na fome, mesmo injustiçado, incompreendido, caluniado, a gente continua a ter total confiança em Deus! Esta confiança é muito importante em nossa vida, por mais sofrida que ela seja."

Fiquei em silêncio, lembrando as tantas vezes em que quase perdi a confiança em Deus, quando não conseguia pagar minhas dívidas, quando um dos meus alunos era muito rebelde na sala de aula e quando meus pais morreram.

Meu Padrinho me deixou pensar, meditar e, depois, ele continuou: "É verdade, Sebastião, e peço que explique direitinho a seus alunos e a meus afilhados romeiros: '*Deus escreve certo por linhas tortas*' e se serve de cada um de nós, instrumentos imperfeitos, para realizar sua obra. Foi isso que aconteceu comigo, Sebastião, e pode acontecer com você e com cada romeiro. O importante é colocar-se nas mãos de nosso Criador, como a argila nas mãos do oleiro, com toda a confiança e amor! Por favor, meu querido afilhado, leia e medite essa frase aqui".

E Padre Cícero se levantou, aproximou-se de mim e me mostrou uma passagem para que eu lesse:

Portanto, é necessário, neste contexto, dirigir nossa atenção ao Senhor e agradecê-lo por todo o bem que ele suscitou por meio do Padre Cícero.

Meus olhos ficaram cheios de lágrimas. Olhei na direção de meu Padrinho Cícero... ele tinha desaparecido! No meu sonho, esfreguei os olhos uma, duas vezes, e olhei de novo. Meu Padrinho tinha desaparecido!

Então acordei. Levantei-me e escrevi tudo que contei a vocês, para não esquecer nada! Peguei a carta para ver se meu Padrinho tinha explicado tudo... Li o último parágrafo, onde o Papa Francisco mandava a cada um de nós o seu abraço e sua bênção "bendizendo a Deus pelos luminosos frutos de santidade que a semente do Evangelho faz brotar nessas terras abençoadas!".

Na Capela de Santa Luzia, algumas crianças já estavam dormindo nos braços de seus pais. Uma forte emoção invadiu o local. Todos queriam guardar no coração as últimas palavras da carta, e *imaginavam o Papa Francisco abraçando e abençoando cada um*. Então, agradeceram Sebastião pelas horas maravilhosas que passaram com ele e por sua bondade em partilhar seu lindo sonho com Padre Cícero e se retiraram para suas casas.

Dona Maria fechou a porta da capela, que não era mais a mesma. Cada tijolo representava agora, para ela, como para todos, um membro da comunidade. No silêncio da noite, ouvia-se a reza do terço em algumas casas.

Sebastião estava feliz! Então ele reservou um tempinho e aproximou-se do pequeno altar onde nossa Mãe das Dores, o Coração de Jesus e o Padre Cícero protegiam seus passos. Acendeu uma vela e ficou de joelhos. Não queria deitar-se ainda. As últimas palavras da carta voltavam em sua mente, juntamente com o perfume de jasmim que invadia a casa naquela hora.

"Mas não é mesmo?!", pensava ele, "o Papa, de tão longe, está louvando a Deus pelos frutos luminosos de santidade que ele descobriu por aqui, no meio de nosso sertão tão pobre. Nunca podia imaginar isso! E quando ele falou de 'SANTIDADE', será que ele pensava em nosso Padrinho? Ou na gente também? Deus sabe! Mas que tem santo por aqui, tem! E o Papa falou que os frutos de santidade nascem da semente do Evangelho que brota em nossas terras abençoadas! Terras abençoadas! Meu Deus! O Papa falou isso de nossa terra! Sei que meu Padrinho Cícero foi o principal semeador do Evangelho, mandado por Deus, em nossas terras abençoadas e no santo Juazeiro! Primeiramente pelo seu exemplo e, também, pelos seus conselhos. Mas como o Papa nos ama! Que gesto bonito de 'RECONCILIAÇÃO'! Dom Fernando tem razão, essa carta foi escrita como se fosse um grande abraço cheio de carinho, um abração como só o Papa sabe dar! Um carinho de pai! RECONCILIAÇÃO! Engraçado! Não encontrei essa palavra na carta do cardeal. Mas ela está cheia de reconhecimentos e gestos concretos de reconciliação em cada uma das páginas. Quem não vê isso, é porque é cego! O Papa e a Igreja querem dizer que, a partir de agora, eles valorizam, amam e abraçam o Padre Cícero de verdade. Assim como eles nos valorizam, nos amam e nos abraçam de verdade também. Meu Deus! Como o Senhor fez e faz grandes coisas pelo Padre Cícero! Sagrados Corações de Jesus e de Maria, vou confiar sempre mais em vós".

E, bem baixinho, Sebastião terminou sua reza, cantando:
Meu Padrinho, quanta saudade o Senhor deixou entre nós. Hoje, vivo em nossa luta, dá mais forças a nossa voz. Patriarca do Juazeiro, Conselheiro do Sertão.

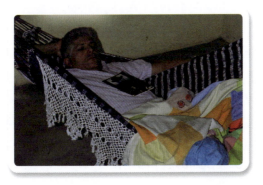

Depois de tomar banho, abriu a rede e deitou-se. "Será que vou sonhar de novo com meu Padrinho?", pensava ele, quando caiu num profundo e merecido sono.

EXCELÊNCIA REVERENDÍSSIMA, DOM FERNANDO PANICO BISPO DIOCESANO DE CRATO

Ocorre hoje mesmo o centenário da criação dessa amada Diocese, que a mesma quis comemorar com um inteiro Ano Jubilar. Em uma atitude de ação de graças, procurou vivenciar o caminho histórico que, através das vicissitudes humanas, traçou a vida dessa Igreja particular, na busca da fidelidade ao depósito sempre atual da fé e, ao mesmo tempo, vivendo o dinamismo missionário da evangelização, que deve ser dirigido a todos sem exceção, especialmente aos pobres e pequeninos.

Trata-se de uma ocasião propícia para analisar também o movimento religioso em torno da figura do Padre Cícero Romão Batista (24 de março de 1844-20 de julho de 1934), que viveu no território dessa Diocese, figura histórica proeminente no Brasil, especialmente em toda a região do Nordeste brasileiro. Em tal sentido, pareceu oportuno ao Santo Padre associar-se às comemorações jubilares com o envio da presente Mensagem à Diocese de Crato, que põe em realce a figura de Padre Cícero Romão Batista e a nova Evangelização, procurando concretamente ressaltar os bons frutos que hoje podem ser vivenciados pelos inúmeros romeiros que, sem cessar, peregrinam a Juazeiro, atraídos pela figura daquele sacerdote.

Procedendo desta forma, pode-se perceber mais claramente a repercussão que a memória do Padre Cícero Romão Batista mantém, no conjunto de boa parte do catolicismo deste país, e, dessa forma, valorizá-la desde um ponto de vista eminentemente pastoral e religioso, como um possível instrumento de evangelização popular.

1. Excelência Reverendíssima, não é intenção desta mensagem pronunciar-se sobre questões históricas, canônicas ou éticas do passado. Pela distância do tempo e complexidade do material disponível, elas continuam a ser objeto de estudos e análise, como atesta a multiplicidade de publicações a respeito, com interpretações as mais variadas e diversificadas. Mas é sempre possível, com a distância do tempo e o evoluir das diversas circunstâncias, reavaliar e apreciar as várias dimensões que marcaram a ação do Padre Cícero como sacerdote e, deixando à margem os pontos mais controversos, pôr em evidência aspectos positivos de sua vida e figura, tal como é atualmente percebida pelos fiéis.

Assim fazendo, abrem-se inúmeras perspectivas para a evangelização, na linha desta recomendação do Documento de Aparecida; "Deve-se dar catequese apropriada que acompanhe a fé já presente na religiosidade popular" (DAp, 300).

2. É inegável que o Padre Cícero Romão Batista, no arco de sua existência, viveu uma fé simples, em sintonia com o seu povo e, por isso mesmo, desde o início, foi compreendido e amado por este mesmo povo.

A sua visão perspicaz, ao valorizar a piedade popular da época, deu origem ao fenômeno das peregrinações, que se prolonga até hoje, sem diminuição tanto no número como no entusiasmo das multidões que acorrem, anualmente, a Juazeiro. Essa amada Diocese tem procurado incorporar este movimento popular com um grande esforço de evangelização, orientando-o para o Cristo redentor do ser humano. Integrando seu aspecto popular e devocional em uma catequese renovada, fortalece e anima o romeiro em sua vida cotidiana, tornando-o sempre mais consciente do seu Batismo e ajudando-o a viver sua vocação específica de cristão no mundo.

Além disso, utilizando-se de palavras do próprio Padre Cícero, inúmeros cantos de romaria traduzem o conteúdo da fé e da moral cristã para a compreensão dos simples e dos pobres, constituindo-se, dessa forma, instrumentos úteis de formação na fé: "Quem matou, não mate mais, quem roubou, não roube mais...". O entusiasmo e o fervor com que os romeiros entoam estes hinos ecoam pelo Nordeste brasileiro, como um convite constante a uma vida cristã mais coerente e fiel.

Várias Dioceses do Nordeste brasileiro, fonte primária das romarias, em consonância com sua Diocese de Crato, têm procurado associar-se a esta forma de evangelização, que se tem demonstrado eficaz. A criação recente de um Conselho das romarias, junto a essa Diocese, composto também por representantes das demais Igrejas particulares da região, é, sem dúvida, um elemento positivo a ser apoiado e estimulado.

3. Deixou marcas profundas no povo nordestino a intensa devoção do Padre Cícero à Virgem Maria.

A devoção mariana, especialmente à Nossa Senhora das Dores, mas também sob o título mariano das Candeias, foi bem acolhida e assimilada pelo povo fiel. Através delas, a influência positiva do Padre Cícero continua a exercer, junto aos romeiros, um papel educador da sensibilidade católica, que é uma das características marcantes desta população. As grandes romarias realizadas por ocasião destas festas marianas ilustram o calendário evangelizador de Juazeiro e constituem momentos altos de formação católica.

Como não reconhecer, Dom Fernando, na devoção simples e arraigada destes romeiros, o sentido consciente de pertença à Igreja Católica, que tem na Mãe de Jesus Cristo um dos seus elementos mais característicos? Ajudando o romeiro a acolher Maria como Mãe, recebida do próprio Cristo ao pé da cruz do Calvário, o influxo de Padre Cícero fortalece, nos fiéis, o sentido de pertença à Igreja. É significativa a intensidade desta devoção mariana, inspirada por Padre Cícero, a marcar definitivamente a alma católica dos romeiros nordestinos.

Realizando sempre mais o trabalho evangelizador da Diocese de Crato, no acompanhamento pastoral deste movimento, tenha-se presente esta recomendação do Documento de Aparecida: "Para esse crescimento na fé, também é conveniente aproveitar pedagogicamente o potencial educativo presente na piedade popular mariana. Trata-se de um caminho educativo que, cultivando o amor pessoal à Virgem, verdadeira 'educadora da fé' (DP 290) que nos leva a nos assemelhar cada vez mais a Jesus Cristo, provoque a apropriação progressiva de suas atitudes" (DAp, 300).

4. Outro aspecto vivenciado por Padre Cícero e por ele transmitido aos seus devotos é a oração e o respeito pelos mortos, mais um elemento importante da fé católica.

A grande romaria do dia de Finados, iniciada pelo padre, continua ainda hoje incentivando os romeiros a rezarem pelos fiéis falecidos, transmitindo-lhes, também, de maneira simples, mas eficaz, a consciência da dimensão escatológica da existência humana. Em uma vida marcada por tantos sofrimentos e dificuldades, a expectativa da bem-aventurança é, para eles, consolação e estímulo.

Uma iniciativa originada por esta sensibilidade tem acontecido, também, em várias Dioceses do Nordeste: o encontro dos romeiros nas suas paróquias, além do dia 20 de julho, também no dia 20 de cada mês, recordando o falecimento do próprio Padre Cícero. Um marcante espírito penitencial, a busca pela confissão auricular, a grande participação da Santa Missa em horas bem matinais, constituem uma experiência inesquecível para quem delas já participou e uma oportunidade evangelizadora ímpar.

Vem a propósito citar aqui este trecho de Aparecida: "Nossos povos não querem andar pelas sombras da morte. Têm sede de vida e felicidade em Cristo. Buscam-no como fonte de vida. Desejam essa vida nova em Deus, para a qual o discípulo do Senhor nasce pelo Batismo e renasce pelo sacramento da Reconciliação. Procuram essa vida que se fortalece, quando é confirmada pelo Espírito de Jesus e quando o discípulo renova, em cada celebração eucarística, sua aliança de amor em Cristo, com o Pai e com os irmãos. Acolhendo a Palavra de vida eterna e alimentados pelo Pão descido do céu, querem viver a plenitude do amor e conduzir todos ao encontro com aquele que é o Caminho, a Verdade e a Vida" (DAp, 350). Temos aqui, Senhor Bispo, todo um programa de evangelização, a partir da sensibilidade do romeiro diante do mistério da morte e na proclamação confiante da esperança na ressurreição.

5. No momento em que a Igreja inteira é convidada pelo Papa Francisco a uma atitude de saída, ao encontro das periferias existenciais, a atitude do Padre Cícero em acolher a todos, especialmente os pobres e sofredores, aconselhando-os e abençoando-os, constitui, sem dúvida, um sinal importante e atual.

Não deixa de chamar a atenção o fato de que estes romeiros, desde então, sentindo-se acolhidos e tendo experimentado, através da pessoa do sacerdote, a própria misericórdia de Deus, com ele estabeleceram – e continuam estabelecendo no presente – uma relação de intimidade, chamando-o na carinhosa linguagem popular nordestina de "padim", ou seja, considerando-o como um verdadeiro padrinho de Batismo, investido da missão de acompanhá-los e de ajudá-los na vivência de sua fé.

É também uma característica do Nordeste brasileiro a grande quantidade de pessoas que recebem, no Batismo, o nome de "Cícero" ou de "Cícera", em preito de homenagem e de gratidão a este sacerdote. O espírito das romarias transmite-se, assim, de pais para filhos e se perpetua por gerações.

É certo, por outro lado, que este apego afetivo do romeiro deverá dar lugar a um trabalho paciente de formação da sua fé, de maneira a levá-lo a um encontro pessoal com Jesus Cristo, como mostra o Documento de Aparecida (cf. 276ss), traçando, com acuidade, as várias etapas a serem seguidas, para que, da atração pelas testemunhas, se chegue àquele que é a Testemunha fiel e o Redentor de todos: "O caminho de formação do seguidor de Jesus lança suas raízes na natureza dinâmica da pessoa e no convite pessoal de Jesus Cristo, que chama os seus pelo nome e estes o seguem porque lhe conhecem a voz" (DAp, 277).

6. Finalmente, apraz-me salientar, Dom Fernando, mais um importante fruto da influência do Padre Cícero Romão Batista junto aos seus romeiros: o respeito que os peregrinos demonstram pela Igreja, na pessoa de seus sacerdotes e seus templos.

O afeto popular que cerca a figura do Padre Cícero pode constituir um alicerce forte para a solidificação da fé católica no ânimo do povo nordestino. O trabalho de evangelização popular a ser continuado, com perspicácia e perseverança, vem contribuindo certamente para o fortalecimento desta mesma fé, chamada a frutificar em atos concretos de compromisso cristão e de promoção dos mais autênticos valores humanos, pois "os desafios que apresenta a situação da sociedade na América latina e no Caribe requerem identidade católica mais pessoal e fundamentada. O fortalecimento dessa identidade passa por uma catequese adequada que promova adesão pessoal e comunitária a Cristo, sobretudo nos mais fracos na fé" (DAp, 297).

7. Eis, portanto, Senhor Bispo, alguns elementos positivos que promanam da figura do Padre Cícero Romão Ba-

tista, tal como é percebida, atualmente, pelo povo fiel que acorre a Juazeiro do Norte, dando vida às romarias e transformando-as em uma bela expressão de fé. Como já indicado, cada romeiro, desafiando a criatividade dos agentes de evangelização, abre novas perspectivas para atuar a missão da Igreja no contexto local, em que esta figura constitui o chamado inicial para um aprofundamento da fé católica e para sua manutenção.

Não podemos ignorar, no entanto, que outros aspectos da pessoa do Padre Cícero podem suscitar perplexidades. Deus, com efeito, na sua genial criatividade, serve-se muitas vezes de "vasos de argila" para realizar a sua obra de salvação, "para que esse incomparável poder seja de Deus e não de nós" (2Cor 4,7) e, dessa forma, nós, seres humanos, nunca nos possamos orgulhar. Porque "aquele que planta, nada é; aquele que rega, nada é; mas importa somente Deus, que dá o crescimento" (1Cor 3,7). Deus serve-se sempre de pobres instrumentos. Padre Cícero, na sua complexa história humana, não privada de fraquezas e de erros, é um claro exemplo disso. Sem dúvida alguma, foi movido por um intenso amor pelos mais pobres e por uma inquebrantável confiança em Deus. Ele teve, porém, que viver em um contexto histórico e social pouco favorável, empregando todas as suas forças e procurando agir segundo os ditames da sua consciência, em momentos e circunstâncias bastante difíceis. Se nem sempre soube encontrar as justas decisões a tomar ou adequar-se às diretrizes que lhe foram dirigidas pela legítima autoridade, não há dúvida, entretanto, de que ele foi movido por um desejo sincero de estender o Reino de

Deus. Não nos esqueçamos, porém – como dizia São João Paulo II, na Audiência Geral de 30 de abril de 1986 –, de que, às vezes, "Deus escreve certo por linhas tortas" e se serve de instrumentos imperfeitos para realizar a sua obra (cf. Lc 17,10). Portanto, é necessário, neste contexto, dirigir nossa atenção ao Senhor e agradecê-lo por todo o bem que ele suscitou por meio do Padre Cícero.

Este dado positivo, eminentemente religioso, justifica a atenção pastoral especial que essa Diocese de Crato presta ao fenômeno religioso de Juazeiro Norte, que tem sua origem justamente na ação do Padre Cícero, valorizando a sua repercussão benéfica em vista da evangelização de todos aqueles que a ele sentem-se ligados. Assim, é garantida a sua reta orientação eclesial, trazendo para todos o inegável benefício de uma adequada evangelização, inserida na realidade e na mentalidade da população fiel desta região e com repercussões em todo o Brasil.

A presente mensagem foi redigida por expressa vontade de Sua Santidade o Papa Francisco, na esperança de que Vossa Excelência Reverendíssima não deixará de apresentar à sua Diocese e aos romeiros do Padre Cícero a autêntica interpretação da mesma, procurando por todos os meios apoiar e promover a unidade de todos na mais autêntica comunhão eclesial e na dinâmica de uma evangelização que dê sempre e de maneira explícita o lugar central a Cristo, princípio e meta da história.

Ao mesmo tempo que me desempenho da honra de transmitir uma fraterna saudação do Santo Padre a todo o povo fiel do sertão do Ceará, com os seus pastores, bendizendo a Deus pelos luminosos frutos de santidade que a semente do Evangelho faz brotar nestas terras abençoadas, valho-me do ensejo para lhe testemunhar minha fraterna estima e me confirmar

de Vossa Excelência Reverendíssima

devotíssimo no Senhor

Pietro Card. Parolin

Secretário de Estado de Sua Santidade

Vaticano, 20 de outubro de 2015.

Impresso na gráfica da
Pia Sociedade Filhas de São Paulo
Via Raposo Tavares, km 19,145
05577-300 - São Paulo, SP - Brasil - 2017